AF561121

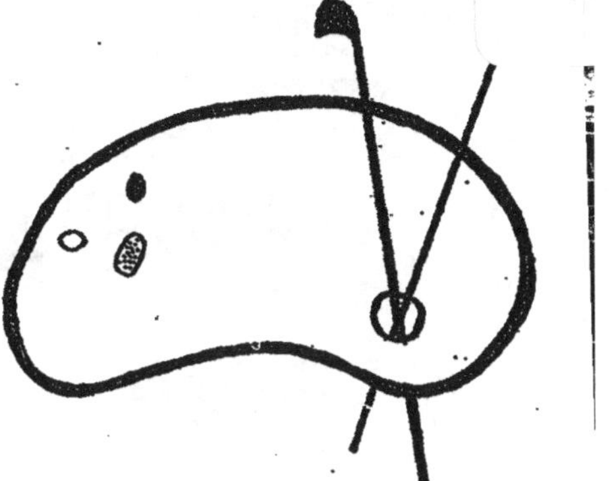

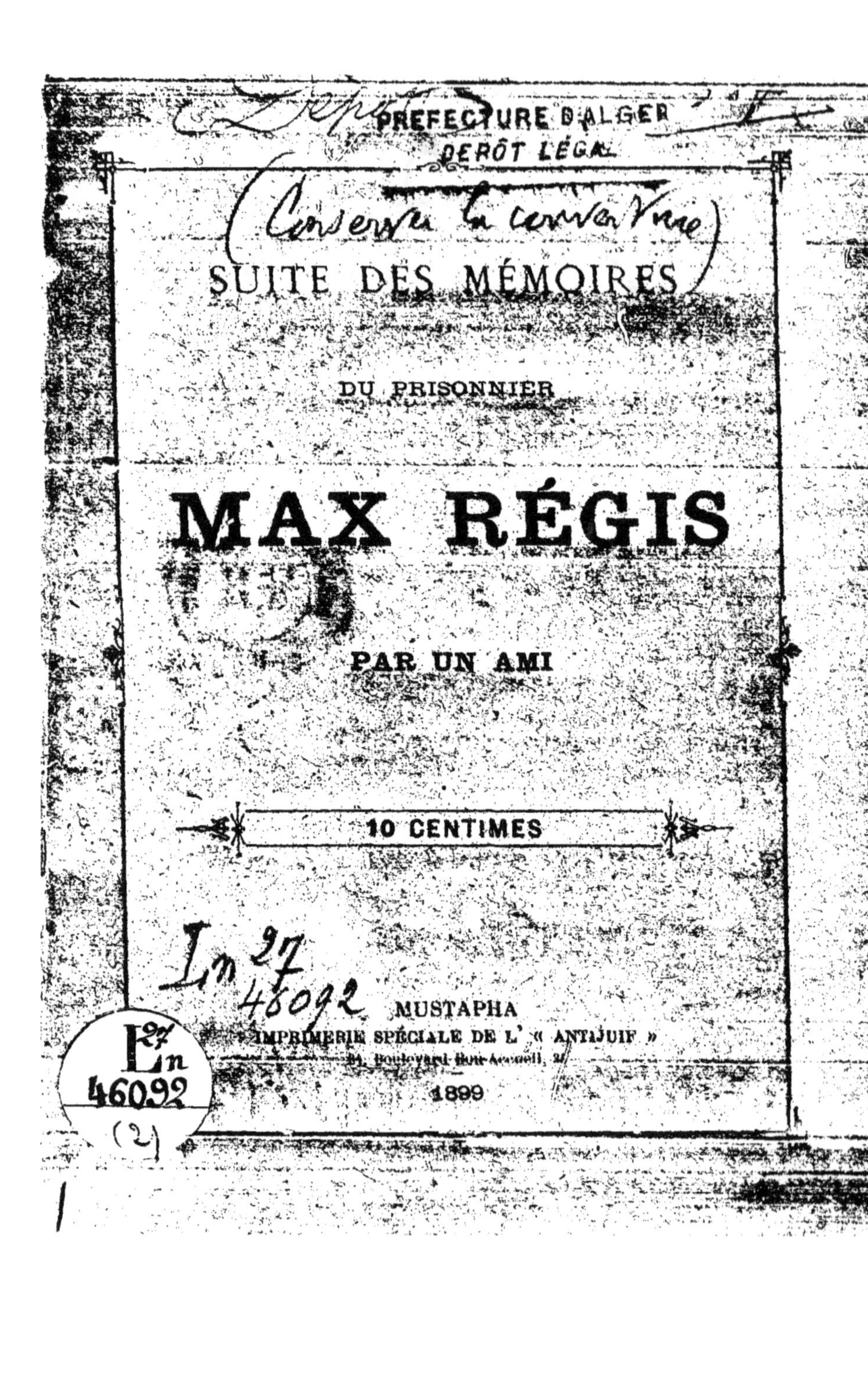

(Conserver la couverture)

SUITE DES MÉMOIRES

DU PRISONNIER

MAX RÉGIS

PAR UN AMI

10 CENTIMES

MUSTAPHA
IMPRIMERIE SPÉCIALE DE L' « ANTIJUIF »
24, Boulevard Bon-Accueil, 24

1899

ANTIJUIFS !!!

Ralliez-vous au journal de Max Régis

L'Antijuif algérien

Journal tri-hebdomadaire paraissant les Mardi, Jeudi et Samedi

Journal de combat qui, le premier a réellement fait jaillir du sol africain les revendications algériennes et enregistré les infamies des juifs et des traitres qui les soutiennent.

C'est la tablette où s'imprime en véhémentes apostrophes les pulsations du cœur de Max Régis et des vaillants Antijuifs.

5c. ABONNEMENTS : **5c.**

	Trois mois	Six mois	Un an
Algérie...........	3 fr.	5 50	10 fr.
France..........	3 50	6 »	12 »

Directeur : MAX REGIS

34 - BOULEVARD BON-ACCUEIL - 34

MUSTAPHA

LIRE TOUS LES DIMANCHES

Le SUPPLÉMENT ILLUSTRÉ, 5 Centimes

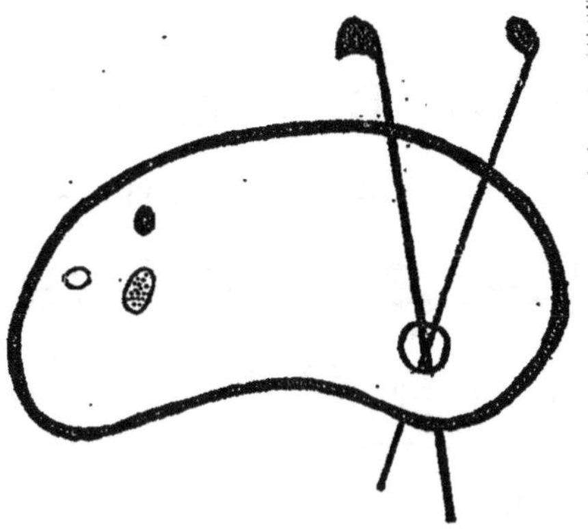

FIN D'UNE SERIE DE DOCUMENTS
EN COULEUR

SUITE DES MÉMOIRES

DU PRISONNIER

MAX RÉGIS

PAR UN AMI

CHAPITRE 1er

Ma condamnation

Je venais de m'éveiller et j'assistais de ma fenêtre au lever du soleil. Il était cinq heures à peine : l'azur rosissant faisait deviner le soleil qui pointait imperceptible ; les feuilles des arbres brillaient couvertes de rosée. Le lever du jour est pour le prisonnier la plus agréable des distractions, la transformation rapide de la nature semble vous changer vous même ; un peu de ce soleil qui dissipe les brumes du matin pénètre en vous et vous réchauffe le cœur.

Je fus tiré de ma contemplation par des pas lourds dans l'escalier, puis brusquement ma porte s'ouvrit, laissant pénétrer trois gendarmes et un homme que je reconnus être un mouchard de la secrète.

Parmi les auxiliaires de la police, les gendarmes sont certainement ceux qui ont été les plus prévenants à mon égard ; forcés d'exécuter une consigne souvent sévère, ils le firent avec le plus de ménagement possible. La médaille militaire que portent beaucoup d'entre eux les distingue de ces civils, employés d'une police occulte, ramassis de ratés et de tarés qui semblent vouloir se venger sur le reste des hommes du dégoût qu'ils inspirent et de l'isolement mérité dans lequel ils sont.

Lorsque j'étais maire d'Alger, j'eus en ma possession le dossier d'un homme passé aujourd'hui au service secret de Lutaud. Révoqué de diverses administrations, il fut repêché par Guillemin qui le fit nommer agent de police. A plusieurs reprises on l'accusa de vol et de chantage, mais comme cet homme était très malin, il n'y eut jamais de preuves contre lui. Lutaud, qui s'y connait en crapules, en fit un de ses employés dévoués, et, certainement, nous verrons un jour le protégé du préfet, revêtu du képi de commissaire, agir au nom de la vertu et de la morale. Quoi d'étonnant sous un gouvernement où la République est représentée par un ivrogne et un bandit?

Le mouchard qu'accompagnaient les gendarmes avait la tête de son emploi : le regard fourbe, l'air cauteleux. Quoique je ne sois pas superstitieux, il me semblait que la fin de ma journée devait m'être funeste, puisque je l'avais commencée par le spectacle d'une telle ordure.

Je m'habillais à la hâte, et après avoir pris place dans l'intérieur de la voiture, j'arrivais à Alger, stores baissés, afin que personne ne se doute de ma présence. J'eus pourtant la joie d'être reconnu par de nombreux partisans qui vinrent me crier : *Courage!* au moment où, au milieu des trois gendarmes, j'entrais au Parquet.

Sans savoir pourquoi, parce que peut-être on leur avait dit de condamner, trois individus en robe noire m'octroyèrent quatre mois de prison ; j'avais, parait-il, insulté un triste individu, leur patron. Des larbins ne peuvent, sans crainte d'être chassés, prendre parti contre leur maitre, aussi d'avance je tenais pour certaine ma condamnation. Pourtant cette cérémonie ridicule de la justice paraissant rendre un arrêt, alors qu'elle le vendait, m'a permis de constater une fois de plus ma popularité.

Tandis que j'étais amené vers Sidi-Ferruch au galop de chevaux, j'entendais mon nom poussé par la foule qui m'acclamait, je voyais des milliers de mouchoirs s'agiter en signe d'adieu. Que peuvent me faire les injustices de quelques protecteurs de la juiverie, lorsque j'ai comme compensation le dévouement de tant d'amis ? Aussi, la foi que j'ai dans la population m'a permis de dire à mes juges :

« Condamnez, messieurs, si c'est votre bon plaisir, mais sachez que je suis de ceux que les condamnations n'abattent pas ».

CHAPITRE II

Différentes lettres. — Enthousiasme

Pendant les quelques jours qui suivirent ma condamation, je reçus une foule considérable de lettres, émanant de toutes les classes, de tous les rangs de la Société. De nombreux amis d'Alger et d'Algérie m'encourageaient à la résignation et s'indignaient contre mes juges. La lettre de mon ami Vesperini me fit particulièment plaisir ; elle portait comme adresse : « Monsieur Max Régis, sequestré par ordre de la juiverie, Sidi-Ferruch ». Un groupe d'enfants m'envoya une image où était inscrit en lettres d'or : « Max, nous ne t'abandonnerons jamais ». Des jeunes filles et des femmes m'assurèrent de ne jamais m'oublier, des hommes m'écrivirent qu'ils étaient prêts à se faire casser la figure pour me délivrer. Le monde politique vint joindre aussi ses sympathies à celles de la population algérienne : Drumont, Rochefort, Bernard Roche, Morinaud, Lavy Gervaise, Firmin Faure, Millevoye, Thiébaut, etc., etc., Maurice Barrès, la comtesse Mirabeau Martel, Ernest Daudet, tous par télégrammes ou par lettres, me prièrent de compter sur leur dévouement.

Une lettre m'intrigua fort, c'était celle d'une personne que je jugeais grande dame par la noblesse de son style et par les armes gravées sur le papier. Je cite un des passages de sa lettre :

« Je pense que vous êtes seul et malheureux, je veux qu'au milieu des innombrables messages que vous recevez, le mien se détache et vous apporte dans votre obscure prison un peu de soleil et de parfum de la Côte d'Azur ».

Je pense que l'inconnue ne m'en voudra pas de dire combien sa lettre m'a fait plaisir, et de regretter que sa modestie l'ait empêchée de se faire connaître.

Je reçus aussi une lettre assez drôle ; elle m'était adressée par une maîtresse de Lutaud le borgne. Je suis obligé de raconter comment cette personne eut l'idée de m'écrire.

Un soir, je fus invité, à Paris, par une dame qui reçut en même temps que moi Guérin, Gaston Méry et plusieurs hommes politivues. L'hôtel de cette dame était ce soir-là décoré de bleuets, les domestiques avaient des livrées bleues, et partout des oriflammes avec des inscriptions en mon honneur.

Quelques femmes, artistes célèbres de l'Opéra, de la Comédie Française et de l'Opéra-Comique vinrent égayer ce repas. Une d'elles, danseuse très connue, me dit qu'elle connaissait notre préfet Lutaud, et que le jour où je voudrais lui jouer un bon tour elle me fournirait un tas de lettres compromettantes. Comme je n'aime pas user de ces moyens d'attaqne, je m'excusais de ne pouvoir accepter son offre.

Ma condamnation a dû indigner l'ex-maitresse de Lutaud, à un point tel qu'elle a escompté ma colère pour me faire employer les lettres proposées.

En effet, mon secrétaire et ami Demare reçut pour moi toute une foule de lettres signées Lutaud, qui pourraient faire du tort à leur auteur, si nous étions aussi crapuleux que lui pour nous en servir. Les termes et idées exprimés sont plutôt ceux d'un marlou que d'un haut fonctionnaire. Comme j'ai toujours été loyal envers mes adversaires, je donnais l'ordre à Demare de renvoyer ces lettres à Lutaud et je défendis à mes rédacteurs d'en conserver une seule.

Mes rédacteurs, plus âgés et plus expérimentés que moi sur les hommes et les événements, n'approuvèrent pas ma générosité, mais par sympathie pour moi, ils m'obéirent.

CHAPITRE III

Ma mère. — Mon cléricalisme

Un matin le facteur me remit une lettre de ma mère.

L'enveloppe était de deuil. Depuis la mort de mon père le deuil s'est tellement appesanti sur notre famille que chaque année un malheur récent vient s'ajouter aux douleurs anciennes.

Une sœur, un oncle, un neveu, des cousins, le sort cruel nous éprouve à chaque instant et ma mère est celle que le chagrin accable davantage. Cœur infiniment sensible, âme tendre jusqu'à la faiblesse, elle fut pour moi comme pour tous ses enfants, la protectrice jamais lasse, quoique parfois nous nous montrions quelque peu ingrats. Soucieuse seulement de notre bien, elle se dépensa en dévouement et en sacrifice, sans chercher à savoir si on lui en tiendrait compte. Souvent elle me reprochait mes opinions combattives mais sachant que rien ne me ferait abandonner ma lutte, elle me soutenait, malgré ses protestations, de son argent et de ses conseils. Mes amis qui ne considèrent que mes succès ne peuvent se douter combien me furent pénibles les efforts matériels de ma dure campagne. Donnant souvent aux pauvres et aux amis malheureux toute ma caisse, j'étais quelquefois embarrassé pour faire face à mes affaires commerciales. Faute de quelques francs, c'était la faillite qui me menaçait; combien de portes grandes ouvertes aux jours de triomphe se refermaient pour moi à l'époque des échéances ; seule ma mère, tout en me conseillant d'abandonner la lutte, me donnait de quoi pouvoir la continuer. Sa lettre que j'ai reçue et dont je donne quelques passages, résume tout ce qu'il y a de bonté en elle.

« Cher fils,

« Quoique mon existence ne soit qu'un long chagrin depuis que tu as décidé ce combat sans trève, qui me cause, pour toi, tant de frayeur, je pensais cependant que tous tes malheurs allaient te faire songer un peu plus aux conseils de ta mère. Tu savais, mon pauvre enfant, que mon bonheur le plus grand aurait été de te voir à l'abri de toutes les menaces et de tous les dangers. Je songeais que mes craintes allaient finir, mais hélas j'ai été déçue et à peine de retour de France tu recommençais à Bône et à Alger, la lutte plus ardente que jamais. J'admets avec toi que M. Laferrière est un bien vilain personnage, mais songe mon pauvre fils, qu'après ce gouverneur, il en viendra un autre semblable et que les efforts seront à refaire. Pense que ceux qui dirigent la France ne vont pas céder aux colères d'un jeune homme, et aux réclamations vraies d'un peuple tel que le peuple algérien, qu'ils considèrent comme une quantité négligeable. Sois persuadé que les juifs auront toujours le pouvoir de nous envoyer tel gouverneur qu'il leur plaira, et ce ne sera pas tes révoltes, si belles ou si légitimes qu'elles soient, qui empêcheront cela. Tes amis ont vu que tu avais tout sacrifié pour tes idées ; cette petite fortune que j'avais réussie à te conserver après la mort de ton père a été vite gaspillée ; ta liberté, ta vie ont souvent été menacées et tu n'as aujourd'hui comme espoir que l'amour sincère de ta mère et l'affection de ta famille. Tu sais mon pauvre enfant, que mon seul bonheur est de te savoir heureux, puisque rien ne changera cette autorité stupide contre laquelle tu te heurtes : reviens vers ta mère ; pour ton indépendance je t'abandonnerai les propriétés qui te plairont, et en apprenant à les administrer tu apprendras à m'écouter davantage.

« Prends courage, mon malheureux fils, ta peine finira, mais je t'en supplie, entends-moi, je t'aime trop pour te donner de mauvais conseils. »

Cette lettre m'émotionna beaucoup, mais je répondis que ma vie était ainsi tracée : lutter contre ceux qui opprimaient mon pauvre pays ; et seulement, lorsque l'Algérie serait débarrassée des juifs et des crapules qui les soutiennent, je suivrais les conseils de ma mère.

Sans doute ma réponse a dû lui causer de la peine, mais j'ai trop confiance en sa grande âme et en sa générosité pour douter un moment qu'elle ne me pardonne

A peu près vers cette époque, je reçus d'une de mes partisanes sans doute, un chapelet, et presque en même temps un pasteur protestant m'envoya une bible. Je remerciai par lettre les donateurs, mais je m'excusais auprès d'eux de ne pas partager leurs opinions.

Quoique sortant d'une famille très catholique, je ne pratique aucune religion, mais je les respecte toutes. Je m'incline avec plaisir devant la foi et la conviction chaque fois qu'elles se montrent ; je me sentirai même honoré si un saint homme m'accordait son estime ; mais il me semble que l'esprit est bien plus libre lorsqu'aucun dogme religieux ne borne son horizon. La superstition religieuse ne peut que supprimer le libre arbitre, et je ne suis pas assez fataliste pour ne pas croire que seule l'activité humaine est responsable de nos actes.

CHAPITRE IV

Une jeune fille. — Bouquets. — Saïd. Habitants du village.

Celle qui vint jeter dans ma prison un peu de joie, me pardonnera si je parle d'elle ; je ne peux pas écrire mes mémoires en passant sous silence un fait dont le souvenir restera le meilleur de ma vie de prisonnier. J'ignore encore qui elle est, je sais qu'elle me paraissait belle et que sa vue dissipait pour un instant la mélancolie triste de mon cachot. Chaque soir à la nuit tombante je la voyais sur la route poudreuse, en face de ma cellule ; elle agitait son mouchoir comme pour m'exhorter à la patience. Je ne répondais pas à ses signes, afin de ne pas causer d'ennui aux gardiens, mais je me hissais le plus haut que je pouvais, pour mieux l'apercevoir. Lentement je la voyais disparaître dans l'ombre de la nuit, et ce départ, souvent, me laissait songeur.

J'avais l'habitude de la voir chaque soir; une fois pourtant elle ne vint pas : j'en fus attristé. Il serait puéril de dire que j'éprouvais quelque attachement pour une personne dont je voyais confusément les formes, mais la sympathie qu'elle me témoignait m'avait habitué à aimer le peu que je connaissais d'elle.

La résignation du prisonnier n'est souvent que l'art d'avoir des habitudes, et l'habitude de voir cette jeune fille rendait ma peine moins pénible. Son absence heureusement fut de courte durée. Elle revint deux jours après, et joyeux je revis son mouchoir s'agiter et disparaître petit à petit. Daignez accepter mes modestes remerciements de prisonnier, vous qui chaque soir m'envoyez dans les plis de votre mouchoir vos tendres sympathies. Même aux jours du triomphe je me souviendrai toujours de la jeune fille dont je suivais pendant ma captivité la forme gracieuse qui venait jeter dans ma sombre prison des lueurs d'espérance. Quelques poésies et des lettres que j'écrivais ajoutées aux impressions que me laissait l'apparition de l'inconnue absorbaient mon esprit et composaient l'emploi de mon temps.

A dix heures chaque jour, mon fidèle domestique Saïd arrivait d'Alger dans ma voiture. Il me portait l'expression des amitiés qui souffraient de me savoir prisonnier ; il me contait aussi les petits potins de la ville. Il est difficile de trouver plus de fidélité qu'il y en a en Saïd. Après être resté dix ans au service de mes parents il me fut confié par ma mère à la mort de mon père comme un garde précieux de mon existence. Je considère cet ancien serviteur plutôt comme une personne de ma famille que comme un domestique ; souvent je subis sa morale économe, lorsque mes dépenses s'exagèrent : et de même qu'il me morigène parfois, il réprimande aussi mes autres domestiques que je n'ose pas tancer moi-même. La renommée d'excellent cuisinier fut cause que souvent on lui offrit un salaire très élevé, pour le décider à m'abandonner, mais il refusa toujours, disant qu'il préférait travailler pour me faire vivre plutôt que de me refuser ses services. J'ai pu, heureusement, rencontrer de pareils dévouements, aussi ai-je traversé avec insouciance les dangers dont on avait semé ma route.

Les gens du village étaient pour moi pleins de prévenances. J'ai appris que des jeunes filles m'envoyaient des bouquets qui, par suite d'un règlement stupide, ne me parvenaient pas. Le marchand de poisson, même, refusait de faire payer la nourriture destinée à mes repas ; tous, jusqu'à un Arabe du nom de Rabah ben Ali, qui travaillait au fort, ne se cachaient pas pour me prouver leur dévouement.

La fille aînée du gardien de batterie demanda un jour la permission de m'offrir un superbe bouquet qu'elle m'avait acheté avec ses économies : la permission lui fut naturellement refusée, mais j'ai conservé le ruban tricolore qui ornait le bouquet.

Comment pouvais-je être abattu au milieu de tant d'amitiés ? C'était autant de consolations pour moi, autant d'affronts à mes persécuteurs. Tous ces cœurs qui pensaient à moi, rendaient ma prison plus joyeuse. Les véritables prisonniers semblaient être, au contraire, ceux que le mépris public isolait à la villa Olivier et à la place Soult-Berg.

CHAPITRE V

Pélerinage à Sidi-Ferruch

Me voilà donc passé au rang des saints; cela m'ennuie fort, car j'ai ouï dire que les saints ne se mélangeaient pas au commun des mortels. Comment vais-je faire, moi qui adore la rue et le peuple qui y vit. J'espère que l'on fera une exception pour moi et qu'un saint antijuif devra, au contraire assister plus qu'aucun aux manifestations antijuives et crier plus fort que quiconque: A bas les juifs ! A bas Laferrière !

Il a donc plû à mes amis de faire un pèlerinage à Sidi-Ferruch. Hélas, je ne puis rien voir, mes gardiens ayant exécuté à la lettre la consigne de me tenir enfermé. J'appris par Drumont, Voinot et tous ceux qui me visitèrent que mes amis étaient nombreux au pied du fort ; j'aurais voulu répondre à leurs acclamations, mais je fus forcé d'arpenter, en rageant contre l'administration pénitentiaire, les pavés de ma triste prison.

Toujours vaillantes, les Algériennes avaient tenu à me prouver qu'elles ne m'oubliaient pas ; parfois j'entendais mon nom poussé par leurs poitrines. Je pensais à la reconnaissance que je leur devais, elles qui furent mes aides les plus précieux et les plus sûrs. Aux moments de découragement, je vis toujours arriver à moi la plus délicate expression des femmes d'Alger, les *Dames du Souvenir.*

C'étaient elles qui, au nom de toutes les antijuives, me redonnaient espoir alors que les trahisons successives manquaient parfois de m'abattre.

Dames du Souvenir, et vous toutes, courageuses antijuives, vous que ne lassa aucune calomnie, vous qui fîtes d'un modeste journaliste l'objet des sympathies de toute une population, acceptez la pensée reconnaissante d'un prisonnier qui ne pourra, hélas, jamais s'acquitter de ce qu'il vous doit, tant sont grands les services que vous lui avez rendus. Aux heures de défaillance, je me rapellerai votre héroïsme et, pour ne pas vous faire honte, vous qui m'avez tant aimé, sans faiblesse je poursuivrai mon chemin avec toujours devant moi, le souvenir de votre dévouement.

CHAPITRE VI

Laferrière et ses accès d'ivrognerie

Le lendemain de ce pèlerinage, j'appris dans les journaux que Laferrière avait eu une crise d'ivrognerie. Un abus de curaçao sans doute.

Or, l'ivrogne avait failli faire assassiner par des baïonnettes françaises, des défenseurs de la France et de l'armée insultées chaque jour par ses amis les dreyfusards. Drumont, Voinot, Lionne, Jean Drault et tout ceux revenant de Sidi-Ferruch ont donc failli être victimes de ce sinistre buveur. Certes, si pareille chose était arrivée, je pense que le peuple m'aurait donné Laferrière comme compagnon de cellule.

Grâce au sang-froid de mes amis il n'y eut pas ce jour-là de cadavres ; cette partie de plaisir n'eut pas de cercueils comme dénouement, malgré le désir du Gouverneur cambrioleur.

A cette occasion je vis combien Lionne était digne de me remplacer ; son énergie et son courage me prouvèrent que mes amis avaient à leur tête un homme digne d'eux.

Le lendemain j'appris qu'à Sidi-Ferruch, mes amis avaient failli faire un mauvais parti à un rédacteur du *Télégramme*. La profonde misère où se trouve ce rédacteur me fait un devoir de ne pas parler de lui ; pourtant j'ai quelques détails inédits sur certaine époque de sa vie. Je souhaite que la correction que le peuple lui a infligée réussisse à le ramener dans le droit chemin.

CHAPITRE VII

Visite d'amis. — Feux d'artifice

Un matin, j'épiais l'arrivée de Saïd ; découragé de ne rien voir, je m'étais assis sur mon lit, lorsque j'entendis le sifflet strident d'un bateau non loin du fort. Le port de Sidi-Ferruch a si peu l'habitude d'avoir de telles visites que je voyais tous les gens du village se diriger vers lui. Je regardai et je vis avec un bien grand plaisir un bateau de plaisance d'où descendaient mes amis Baille et Schiaffino. Le petit vapeur était coquettement pavoisé, il m'honora de plusieurs saluts comme si j'étais quelque célébrité.

Baille est le meilleur de mes amis, je crois qu'il est le seul à avoir partagé avec moi les ennuis matériels de ma lutte contre les juifs.

Aux moments difficiles. Baille accourait vers moi sans que souvent je sois obligé de réclamer son aide. Aussi je ne cachai pas ma joie lorsque je pus lui sauter au cou. Avec lui était mon autre ami Schiaffino, le propriétaire du bateau. Son intimité avec Baille et sa sympathie pour moi en avaient fait un des dévoués du parti. Avec lui nous était arrivé l'aide de la population maritime à laquelle il commande presque. Ces marins, français de cœur ou d'origine, furent pour nous des auxilliaires très précieux contre lesquels se heurtèrent souvent les brutalités policières. Avec Baille étaient un de ses amis que je remercie sincèrement, Saïd, et une dame que je ne connaissais point, mais je pus remarquer la violente émotion lorsqu'elle regarda ma cellule. En sa qualité de secrétaire du Conseil général, Baille m'entretint de toutes les canailleries de la bande à Gérente; il s'indigna avec moi du vote infâme sur le dessaisissement auquel les sieurs Hannedouche et Letellier s'étaient associés. Je pense que mes concitoyens vont exiger la démission de ces deux conseillers généraux. Mon ami Lionne saura forcer ces deux crétins à abandonner un mandat qu'ils trahissent sans vergogne ; ils forment une tache parmi les représentants d'Alger.

Vers le soir le bateau de plaisance quitta Sidi-Ferruch ; son drapeau s'agita à diverses reprises dans de sympathiques adieux. Tous les bateaux qui passent devant Sidi-Ferrueh saluent la presqu'île où je suis enfermé ; ces hommages me sont sensibles, ils déterminent chez moi comme une fierté d'être en prison.

Je recevais aussi des colis, mes amis m'envoyaient des fruits et autres sucreries, auxquelles je ne touchais pas. Kœnig, mon ancien compagnon de Barberousse, m'envoya différentes primeurs dont je le remerciai par lettre.

Un soir, une dame habitant le village voulut m'égayer en me donnant le spectacle d'un feu d'artifice. Pendant plus d'une heure, ce ne furent que lumières de toutes sortes qui jetaient dans l'obscurité leurs éclatantes couleurs ; des fusées se changeaient en une multitude d'étincelles dont le reflet sur la mer semblait des grains d'or que les vagues engloutissaient. Pendant ce temps, des voix de jeunes filles chantaient des refrains antijuifs, où mon nom revenait souvent. Les voix me paraissaient mornes et dans le silence de la nuit elles montaient profondes, harmonieuses, évoquant la série des jours triomphants où le peuple en liesse chantait ses victoires. Cette nuit restera un souvenir inaltérable de douce mélancolie et de tendres affections, Tous les soirs le père de ces jeunes filles sachant combien m'avait fait plaisir cette soirée, fesait un petit feu d'artifice et toujours les mêmes voix harmonieuses montaient jusqu'à moi. Elles chantaient souvent un hymne fait en mon honneur par Mlle Eugénie Garcia, une excellente antijuive dont je prise fort la poésie sincèrement émue. Je recevais de temps à autre la visite de mes rédacteurs et de mon fidèle administrateur Falca ; je les voyais se hâter sur le chemin du fort, afin de m'embrasser plutôt. Ah ! les marques d'amitié me faisaient facilement oublier ma prison : j'appréciais alors ceux que le malheur rapproche de moi, ceux qui partageaient mes souffrances alors qu'ils me fuyaient dans mes jours de bonheur.

CHAPITRE VIII

Adieu Algéroises, adieu Algérois !

Peut-être, chers amis, quand vous lirez ces mémoires, faibles échos de toutes les consolations que vous m'avez apportées, peut-être serais-je déjà parti vers mes juges de Grenoble. Sans doute, ces derniers sauront se montrer cléments et justes envers un journaliste qui pour une cause a sacrifié sa fortune, sa liberté et quelquefois risqué sa vie. Malgré toutes les acclamations que j'ai eues ils verront que ma lutte désintéressée me fait comparaître les mains vides et enchaînées. Puisque mon cœur n'a pas changé et que dans lui fut toujours le même enthousiasme, puisque les généreuses idées qui déterminaient mon énergie sont restées les mêmes, c'est que la cause antijuive n'est pas une illusion : les illusions en effet s'envolent et ne laissent que du dégoût. Ma lutte avait sa sincérité dans toute les douleurs que le juif a jetées autour de moi ; toujours aux bases de nos dissensions sociales, les activant pour en profiter, les juifs sèment d'écueils pénibles ce chemin malaisé que nous gravissons tous. Je dirai aux jurés que mes sentiments sont les vôtres et que ma cause est aussi celle de toute une colonie composée de sublimes femmes et de courageux patriotes.

Puissent-ils me comprendre ! Mais si le gouvervement, dans son désir de me perdre réussissait à indisposer contre moi l'esprit de mes juges, soyez persuadés, vaillants amis, que j'accomplirai ma peine sans faiblesse, avec dans le cœur l'espoir de garder immuables vos réconfortantes sympathies.

UN PRISONNIER.

Tirage = dix mille exemplaires.

Mustapha. - Imprimerie spéciale de l'Antijuif

L'auteur / Louis Gardes

77

Un imprimeur / Paul Carrère

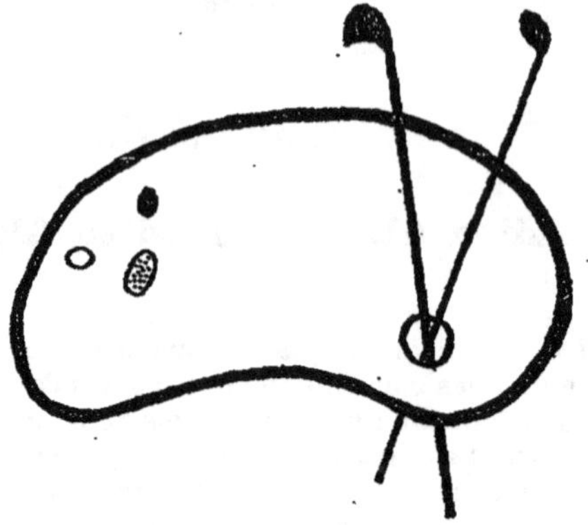

ORIGINAL EN COULEUR
NF Z 43-120-8

www.ingramcontent.com/pod-product-compliance
Lightning Source LLC
LaVergne TN
LVHW020456230826
846091LV00008BA/3229

* 9 7 8 2 0 1 6 1 5 4 6 8 7 *